PRZYGODY
FENKA

• Wzruszenie •

EMOCJE II

AF480354

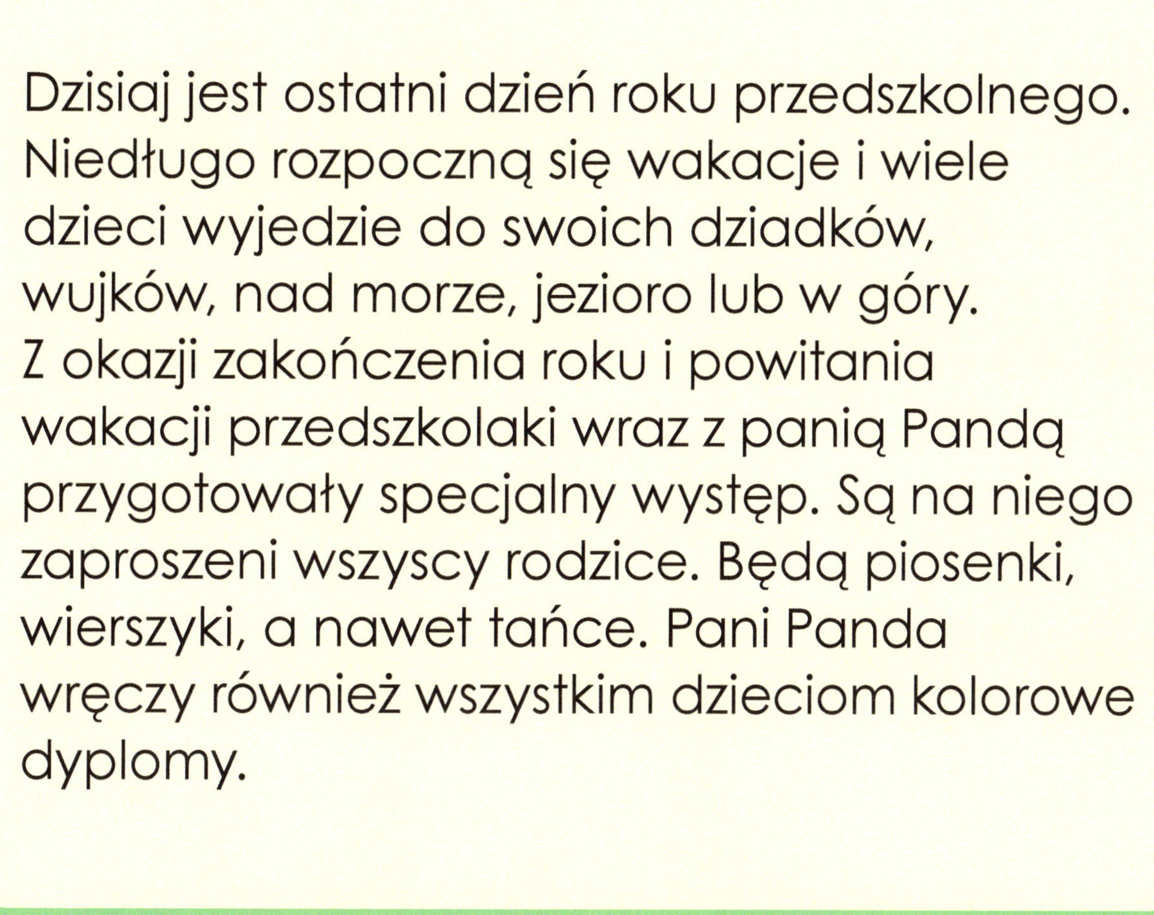

Dzisiaj jest ostatni dzień roku przedszkolnego. Niedługo rozpoczną się wakacje i wiele dzieci wyjedzie do swoich dziadków, wujków, nad morze, jezioro lub w góry. Z okazji zakończenia roku i powitania wakacji przedszkolaki wraz z panią Pandą przygotowały specjalny występ. Są na niego zaproszeni wszyscy rodzice. Będą piosenki, wierszyki, a nawet tańce. Pani Panda wręczy również wszystkim dzieciom kolorowe dyplomy.

O jakich wakacjach marzy kotek Maks?

Do przedszkola dotarli już prawie wszyscy zaproszeni goście. Dzieci nie ma jeszcze na scenie, ale rodzice mogą podziwiać piękną wakacyjną dekorację, którą zrobiły z panią Pandą. Scena wygląda jak prawdziwy las!

Pora zaczynać występ. Przedszkolaki powoli wychodzą na scenę i ustawiają się w szeregu. Każdy z nich jest ubrany naprawdę elegancko. Fenek ma nawet maleńką muszkę pod szyją! To dla wszystkich naprawdę bardzo ważny dzień. Wesoły, bo nadchodzą wakacje, ale też smutny, bo czas pożegnać się z przedszkolem, przyjaciółmi i panią Pandą.

Dzieci kolejno recytują swoje wierszyki.
Niektóre są o wakacyjnych przygodach,
a inne o tym, czego przedszkolaki nauczyły
się przez ten rok. Śpiewają też wesołą
piosenkę.

– Przedszkole dziś opuszczamy, na wakacje
wyruszyć czas. Przedszkole nasze żegnamy,
wrócimy tu jeszcze nie raz! – dzieci
śpiewają naprawdę pięknie.

Po piosence przychodzi pora na wierszyk
Fenka. Jego rodzice wcześniej go nie
słyszeli, bo chłopcu pomagała w nauce
babcia.

– Mamo, tato, czas tak szybko płynie, starszakiem niedługo zostanę, lecz nawet kiedy będę już duży, to kochać was nie przestanę! – recytuje nasz bohater i spogląda w kierunku rodziców. Tata uśmiecha się od ucha do ucha, ale mama...

„Dlaczego mama płacze?" – myśli zdziwiony Fenek. „Czy nie spodobał jej się mój wierszyk?".

Chłopiec rozgląda się po sali i zauważa, że mama niedźwiadka Leona również trzyma w ręce chusteczkę. Bardzo to wszystko dziwne...

Kiedy występ się kończy i wszyscy wrócili do domu, Fenek od razu zabiera się za lepienie z nowej ciastoliny, którą dostał od dziadków. Jest jednak w złym humorze. Tak bardzo starał się powiedzieć wierszyk najpiękniej jak umiał i myślał, że mamie się spodoba... Co prawda przytuliła go po występie i chwaliła, ale przecież płakała.

– Co lepisz, kochanie? – pyta mama, siadając obok synka.

– Sam nie wiem... – odpowiada ponuro chłopiec. Mama spogląda na niego uważnie. Dobrze zna Fenka i domyśla się, że coś mu dolega.

– Czy coś się stało? Mogę ci jakoś pomóc? – pyta. Fenek spuszcza głowę.

– Bo... bo.... Ja nic z tego nie rozumiem! – wydusza z siebie w końcu. – Wszyscy mówili, że bardzo ładnie powiedziałem swój wierszyk, ale ty płakałaś... Dlaczego ci się nie podobało? – pyta zupełnie zagubiony.

Mama wygląda na naprawdę zdziwioną. Szybciutko bierze Fenka na kolana.

– Ależ kochanie! Bardzo mi się podobało! – mówi od razu. – Nie płakałam dlatego, że było mi smutno, ani dlatego, że twój wierszyk mi się nie podobał – tłumaczy.

Fenek patrzy na nią wielkimi oczami i wciąż
nic nie rozumie.

– Więc... dlaczego płakałaś? – dopytuje.

– To były łzy wzruszenia, synku – mówi
spokojnie. – Wzruszenie pojawia się
w różnych momentach naszego życia.
Rodzice często wzruszają się, kiedy widzą,
jakie ich dzieci są już duże i dzielne,
i jak pięknie występują – wyjaśnia.

Fenek słucha uważnie.

– I wtedy płaczą tak jak ty albo mama
niedźwiadka Leona? – pyta.

Mama twierdząco kiwa głową.

– Czasem wzruszenie jest tak silne, że
pojawiają się łzy – mówi. – Wiesz, pamiętam,
że twoja babcia również płakała, kiedy
to ja byłam w przedszkolu i występowałam –
mówi z uśmiechem.

– Naprawdę? – dziwi się Fenek. – Będę
musiał ją o to zapytać.

– Na pewno chętnie ci opowie – mówi
mama i pyta:

– Czy teraz już wiesz, dlaczego płakałam,
i że twój występ baaaardzo mi się podobał?

Fenek uśmiecha się.

– Wiem. Chociaż uważam, że to naprawdę
dziwne płakać, kiedy nie jesteśmy smutni...

Mama uśmiecha się. Dobrze wie, że mimo że Fenek po wakacjach będzie już w starszakach, wiele spraw jest dla niego jeszcze niejasnych.

– Nie martw się, będziesz miał jeszcze sporo czasu, żeby to wszystko zrozumieć – mówi pogodnie. Chłopiec mocno przytula mamę.

– Najważniejsze jest to, że mój występ ci się podobał! – stwierdza z szerokim uśmiechem. – Polepisz ze mną z ciastoliny? – pyta, a mama, która uwielbia spędzać czas ze swoim synkiem, oczywiście się zgadza.

Ciekawe sposoby spędzania czasu z dzieckiem

Spróbujcie wypisać lub narysować jak najwięcej sytuacji, w których ludzie płaczą. Czy zawsze są to łzy smutku? Podzielcie wymyślone przez Was sytuacje na te, które wiążą się ze smutkiem, i te, które wiążą się z radością. Tak jak Fenek i jego mama spędźcie wspólnie czas na lepieniu z ciastoliny lub innej masy plastycznej. Może to być np. własnoręcznie wykonana przez Was masa solna lub papierowa.

Dzięki tej książeczce Twoje dziecko:

– pozna kolejną emocję: wzruszenie;

– dowie się, że łzy nie zawsze oznaczają smutek;

– zaznajomi się z sytuacjami wywołującymi łzy radości;

– zrozumie, że nie trzeba tłumić łez i że nawet dorośli czasem płaczą.

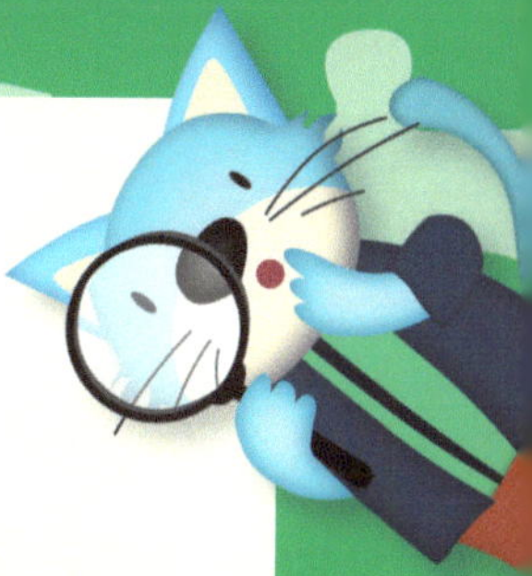

Znajdź wycięty fragment na ilustacji?

1

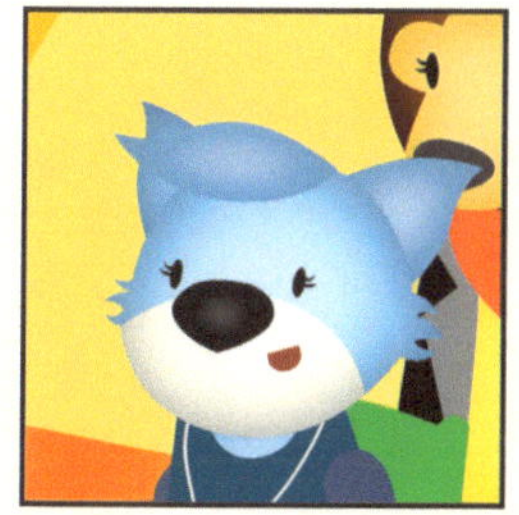

2

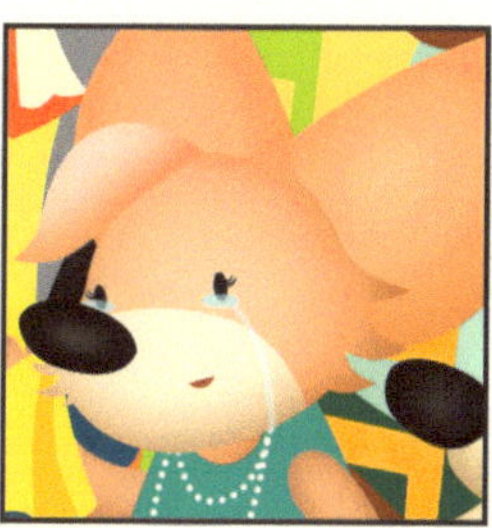

3

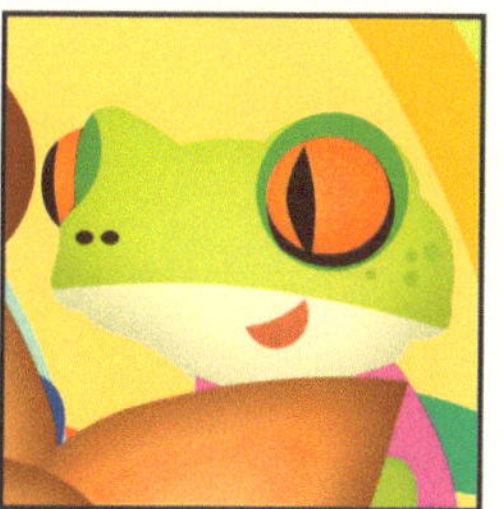

4

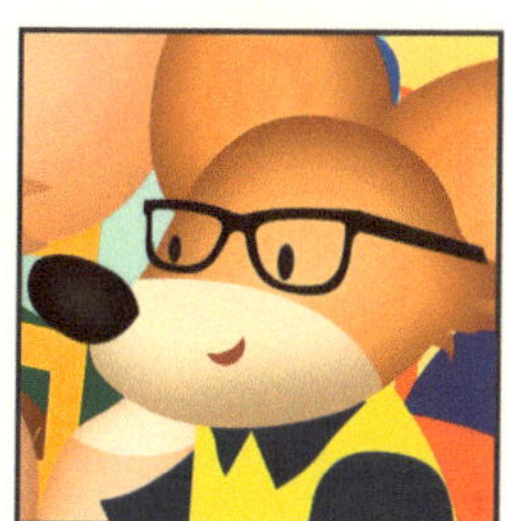

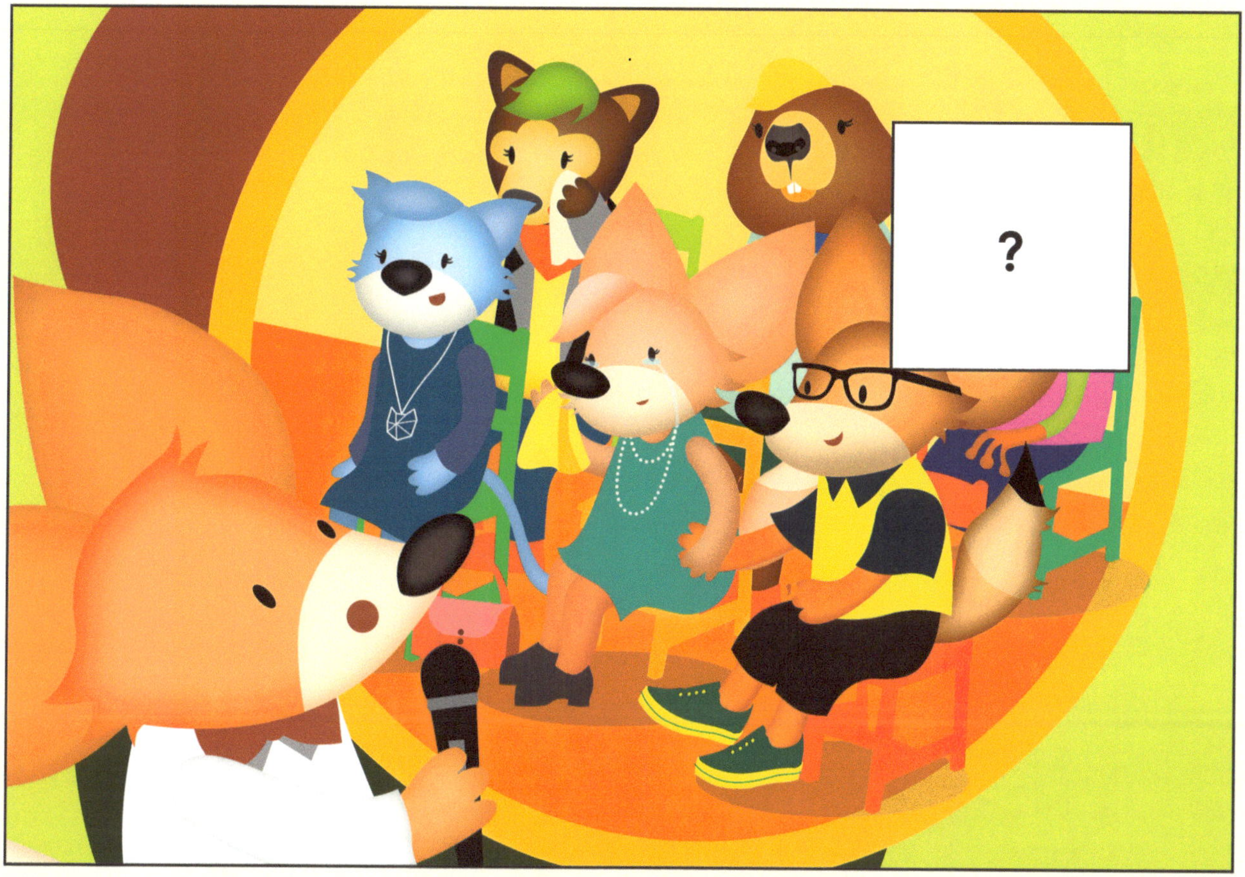

Poznawaj rosnący świat książek
serii "Przygody Fenka"
Ciesz się najnowszymi i nadchodzącymi
przygodami i mnóstwem bezpłatnych zasobów.
Czy masz którąś z tych niesamowitych przygód?
POLECANE PRZEZ PEDAGOGÓW I PSYCHOLOGÓW
OSOBOWOŚĆ
EMOCJE
Złość
Strach
Zazdrość
Wdzięczność
Wzruszenie
Ufność
Wyrzuty sumienia
Tęsknota
Duma
Nieśmiałość
Przyjaźń
Miłość
Samotność
Szczypanie
Skarżenie
Samoocena
Śmierć w rodzinie
Adopcja
To moje ciało
Rozstanie rodziców
Proszę
Przepraszam
Dziękuję
Pozdrowienia
Cierpliwość
Odpowiedzialność
Odwaga
Szacunek
Prawdomówność
Asertywność
Bezinteresowność
Kreatywność
Uczciwość
Planowanie
Punktualność
Spostrzegawczość
Wytrwałość
Samodzielność
Empatia
Lenistwo
Jesteśmy sobie potrzebni
Kłopoty ze słowami
Moje okulary
Nowy kolega

BEZPIECZEŃSTWO I ŚRODOWISKO

CIAŁO I ZDROWIE

DOBRE ZACHOWANIE

MIEJSCA I WYDARZENIA